국민연금공단

필기시험 모의고사

[6급갑 전산직]

제 3 회		
	영 역	직업기초능력평가, 종합직무지식평가
	문항수	60문항, 50문항
	시 간	60분, 50분
	비 고	객관식 4지선다형, 객관식 5지선다형

SEOWONGAK
(주)서원각

제 3 회 기출동형 모의고사

문항수 : 110문항
시 간 : 110분

직업기초능력평가(60문항/60분)

1. 다음 글을 통해 알 수 있는 '사회적 기업'에 대한 내용으로 적절한 것은 어느 것인가?

> 사회적 기업의 개념
>
> 사회적 기업은 취약계층에게 사회서비스 또는 일자리 등을 제공하여 지역주민의 삶의 질을 높이는 등의 사회적 목적을 추구하면서 재화 및 서비스의 생산·판매 등 영업활동을 수행하는 기업입니다.
>
> 그래서 흔히 "빵을 팔기 위해 고용하는 것이 아니라, 고용하기 위해 빵을 파는 기업"이라고도 일컬어집니다. 주요 특징으로는 취약계층에 일자리 및 사회서비스 제공 등의 사회적 목적 추구, 영업활동 수행 및 수익의 사회적 목적 재투자, 민주적인 의사결정구조 구비 등을 들 수 있습니다.
>
> - 기업의 주요 활동 : 상품이나 서비스의 생산 및 판매, 일자리 제공, 사회적 서비스 제공 등
> - 기업 활동의 동기 : 사회적 목적의 실현 및 사회적 책임 수행 등
> - 기업 활동의 형태 : 전통적 비영리 기관과 전통적 영리 기업의 중간 형태로서 사회적 책임과 영리활동을 동시에 추구
>
> 사회적 기업의 분류
>
> - 일자리 제공형 : 조직의 주된 목적이 취약계층에게 일자리를 제공
> - 사회서비스 제공형 : 조직의 주된 목적이 취약계층에게 사회서비스를 제공
> - 혼합형 : 일자리 제공형+사회서비스 제공형
> - 기타형 : 사회적 목적의 실현여부를 고용비율과 사회서비스 제공비율 등으로 판단하기 곤란한 사회적 기업
> - 지역사회 공헌형: 지역사회 주민의 삶의 질 향상에 기여
>
> 사회적 기업의 역할
>
> 1) 사회적 기업의 사회적 목적
> - 취약계층에게 일자리 또는 사회서비스 제공
>   (취약계층 : 저소득자, 고령자, 장애인, 성매매피해자, 장기실업자, 경력단절여성 등)
> - 지역사회 발전 및 공익 증진
> - 민주적 의사결정구조(서비스 수혜자, 근로자, 지역주민 등 이해관계자 참여)
> - 수익 및 이윤 발생 시 사회적 목적 실현을 위한 재투자(상법 상 회사, 이윤 2/3이상)
>
> 2) 영업활동
> - 조직형태는 비영리법인·단체, 조합, 상법 상 회사 등 다양하게 인정
> - 유급근로자를 고용
> - 영업활동을 통한 수입이 노무비(인건비)의 30% 이상

① 사회적 기업은 영리 추구 활동을 배제하지 않는다.
② 사회적 기업은 재정적 지원을 정부나 대기업체로부터 받아서 활동을 수행한다.
③ 사회적 기업 활동의 가장 큰 목적은 발생된 이윤의 사회 재투자에 있다.
④ 지역사회 주민의 삶의 질 향상을 위한 사회적 기업은 사회서비스 제공형 기업이다.

2. 다음 글의 밑줄 친 ㉠~㉣ 중 의미상 어색하지 않은 것은?

> 저소득층을 비롯한 취약가구에 대한 에너지 지원사업은 크게 소득지원, 가격할인, 효율개선 등의 세 가지 ㉠범위로 구분할 수 있으며, 현재 다양한 사업들이 시행되고 있다. 에너지 지원사업의 규모도 지속적으로 확대되어 왔는데, 최근 에너지 바우처 도입으로 현재 총 지원규모는 연간 5천억 원을 넘는 것으로 ㉡추정된다. 이처럼 막대한 지원규모에도 불구하고 에너지 지원사업의 성과를 종합적으로 평가할 수 있는 지표는 부재한 실정이다. 그동안 에너지복지와 관련된 연구의 대부분은 기존 지원사업의 문제점을 검토하고 개선방안을 ㉢표출하거나, 필요한 새로운 사업을 개발하고 설계하는 데 중점을 두고 시행되어 왔다. 에너지 지원사업의 효과와 효율성을 제고하기 위해서는 에너지복지의 상태는 어떠한지 그리고 지원사업을 통해 어떤 성과가 있었는지를 체계적이고 합리적으로 평가할 수 있는 다양한 지표의 개발이 필요함에도 불구하고, 이러한 분야에 대한 연구는 상대적으로 ㉣미비하였던 것이 사실이다.

① ㉠
② ㉡
③ ㉢
④ ㉣

3. **다음은 A 에어컨 업체에서 신입사원들을 대상으로 진행한 강의의 일부분이다. '가을 전도' 현상에 대한 이해도를 높이기 위해 추가 자료를 제작하였다고 할 때, 바른 것은?**

> 호수의 물은 깊이에 따라 달라지는 온도 분포를 기준으로 세 층으로 나뉘는데, 상층부부터 표층, 중층, 그리고 가장 아래 부분인 심층이 그것입니다. 사계절이 뚜렷한 우리나라 같은 온대 지역의 깊은 호수에서는 계절에 따라 물의 상하 이동이 다른 양상을 보입니다.
>
> 여름에는 대기의 온도가 높기 때문에 표층수의 온도도 높습니다. 중층수나 심층수의 온도가 표층수보다 낮고 밀도가 상대적으로 높기 때문에 표층수의 하강으로 인한 중층수나 심층수의 이동은 일어나지 않습니다.
>
> 그런데 가을이 되면 대기의 온도가 떨어지면서 표층수의 온도가 낮아집니다. 그래서 물이 최대 밀도가 되는 4℃에 가까워지면, 약한 바람에도 표층수가 아래쪽으로 가라앉으면서 상대적으로 밀도가 낮은 아래쪽의 물이 위쪽으로 올라오게 됩니다. 이런 현상을 '가을 전도'라고 부릅니다.
>
> 겨울에는 여름과 반대로 표층수의 온도가 중층수나 심층수보다 낮지만 밀도는 중층수와 심층수가 더 높기 때문에 여름철과 마찬가지로 물의 전도 현상이 일어나지 않습니다. 그러나 봄이 오면서 얼음이 녹고 표층수의 온도가 4℃까지 오르게 되면 물의 전도 현상을 다시 관찰할 수 있습니다. 이것을 '봄 전도'라고 부릅니다.
>
> 이러한 봄과 가을의 전도 현상을 통해 호수의 물이 순환하게 됩니다.

①
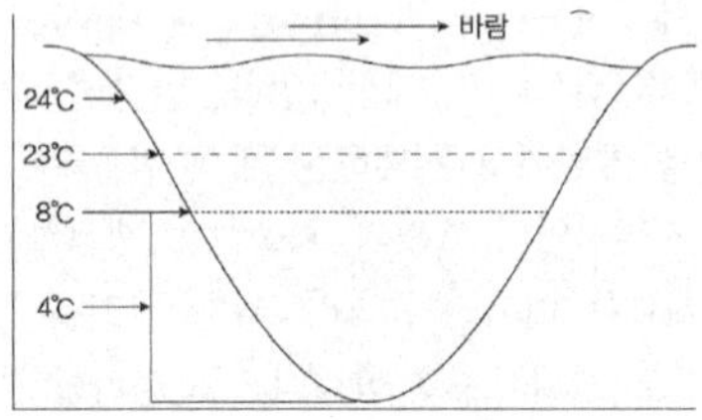

②
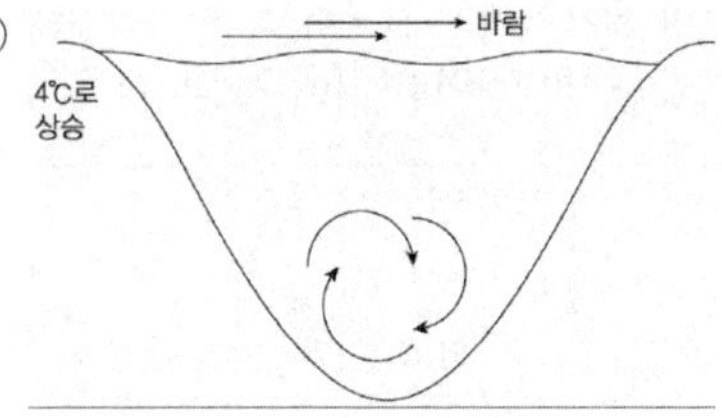

③
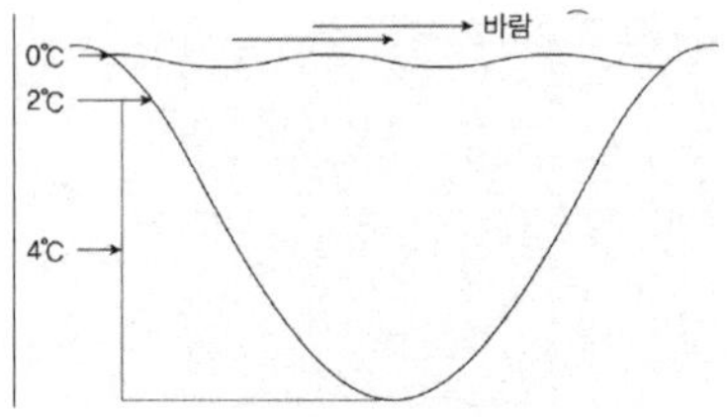

④
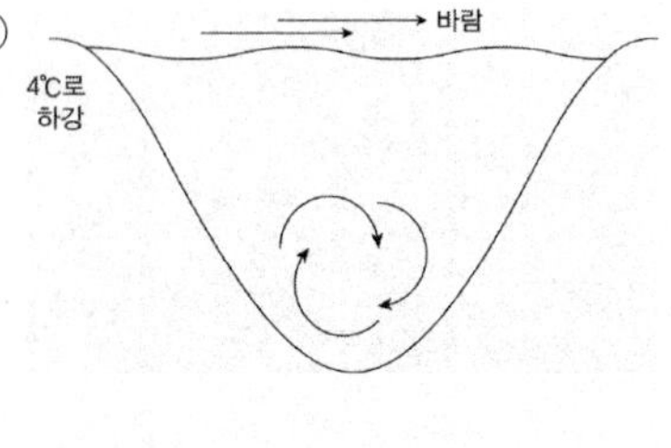

4. **다음 공고를 보고 잘못 이해한 것을 고르면?**

〈신입사원 정규채용 공고〉

분야	인원	응시자격	연령	비고
콘텐츠 기획	5	• 해당분야 유경험자(3년 이상) • 외국어 사이트 운영 경력자 우대 • 외국어(영어/일어) 전공자	제한 없음	정규직
제휴 마케팅	3	• 해당분야 유경험자(5년 이상) • 웹 프로모션 경력자 우대 • 콘텐츠산업(온라인) 지식 보유자	제한 없음	정규직
웹 디자인	2	• 응시제한 없음 • 웹디자인 유경험자 우대	제한 없음	정규직

〈입사지원서 및 기타 구비서류〉

(1) 접수방법
- 인터넷(www.seowon.co.kr)을 통해서만 접수(우편 이용 또는 방문접수 불가)
- 채용분야별 복수지원 불가

(2) 입사지원서 접수 시 유의사항
- 입사지원서는 인터넷 접수만 가능함
- 접수 마감일에는 지원자 폭주 및 서버의 네트워크 사정에 따라 접속이 불안정해 질 수 있으니 가급적 마감일 1~2일 전까지 입사지원서 작성바람
- 입사지원서를 작성하여 접수하고 수험번호가 부여된 후 재입력이나 수정은 채용 공고 종료일 18 : 00까지만 가능하오니, 기재내용 입력에 신중을 기하여 정확하게 입력하기 바람

(3) 구비서류 접수
- 접수방법 : 최종면접 전형 당일 시험장에서만 접수하며, 미제출자는 불합격 처리

－최종학력졸업증명서 1부
－자격증 사본 1부(해당자에 한함)

(4) 기타 사항
- 상기 모집분야에 대해 최종 전형결과 적격자가 없는 것으로 판단될 경우, 선발하지 아니할 수 있으며, 추후 입사지원서의 기재사항이나 제출서류가 허위로 판명될 경우 합격 또는 임용을 취소함
- 최종합격자라도 신체검사에서 불합격 판정을 받거나 당사 인사규정상 채용 결격사유가 발견될 경우 임용을 취소함
- 3개월 인턴 후 평가(70점 이상)에 따라 정식 고용 여부를 결정함

(5) 문의 및 접수처
- 기타 문의사항은 (주)서원 홈페이지(www.seowon.co.kr) 참고

① 우편 및 방문접수는 불가하며 입사지원은 인터넷 접수만 가능하다.

② 지원서 수정은 마감일 이후 불가능하다.

③ 최종합격자라도 신체검사에서 불합격 판정을 받으면 임용이 취소된다.

④ 3개월 인턴과정을 거치고 나면 별도의 제약 없이 정식 고용된다.

5. **다음은 아래 기사문을 읽고 나눈 직원들의 대화이다. 대화의 흐름상 빈칸에 들어갈 말로 가장 적절한 것은 어느 것인가?**

> 영양과 칼로리 면에서 적절한 식량 공급보다 인간의 건강과 복지에 더 중요한 것은 없다. 지난 50년 동안 세계 인구의 상당 부분이 영양실조를 겪었지만 식량 확보에 실패한 것은 생산보다는 분배의 문제였다. 실제로 지난 50년 동안 우리는 주요 작물의 잉여를 경험했다. 이로 인해 많은 사람들이 식량 부족에 대해 걱정하지 않게 되었다. 2013년에 생산된 수백만 톤의 가장 중요한 주요 식량은 옥수수(1,018 Mt), 논 쌀(746 Mt), 밀(713 Mt), 대두(276 Mt)였다. 이 네 가지 작물은 전 세계적으로 소비되는 칼로리의 약 2/3를 차지한다. 더욱이, 이들 작물 각각에 대한 토지 단위 면적당 평균 수확량은 1960년 이후 두 배 이상 증가했다. 그렇다면 지금 왜 식량 안보에 대해 걱정해야 할까? 한 가지 이유는 주요 작물의 이러한 전 세계적인 잉여물로 인해 식물 과학 연구 및 작물 개선에 대한 관심이 점진적으로 줄어들었기 때문이다. 이는 세계적인 수준으로 나타났다. 그러나 이러한 무관심은 현재의 세계 인구 및 식량 소비 경향에 직면하여 근시안적이다. 전 세계 인구는 오늘날 70억 명에서 2050년 95억 명까지 증가할 것으로 예상된다. 인구가 증가하는 곳은 주로 도시가 될 것이고, 식단이 구황 작물에서 가공 식품으로 점차 바뀌게 될 것이다. 그러면 많은 육류 및 유제품이 필요하고 그보다 더 많은 사료가 필요하다. 예를 들어 1kg의 소를 생산하기 위해서는 10kg의 사료가 필요하다. 도시 인구의 증가는 동물성 식품에 대한 수요 증가를 가져오고 예상되는 인구 증가에만 기초하여 추정된 것보다 훨씬 빠른 작물 생산량의 증가를 요구할 것이다. 이 추세는 계속될 것으로 예상되며, 세계는 2013년 대비 2050년까지 85% 더 많은 기본 식료품이 필요할 것으로 예측된다.

> A : 식량 문제가 정말 큰일이군. 이러다가 대대적인 식량난에 직면하게 될 지도 모르겠다.
> B : 현재의 기술로 농작물 수확량을 증가시키면 큰 문제는 없지 않을까?
> A : 문제는 (   )
> B: 그래서 생산보다 분배가 더 문제라는 거구나.

① 과학기술이 수요량을 따라가지 못할 거라는 점이야.
② 인구의 증가가 너무 빠른 속도로 진행되고 있다는 사실이야.
③ 지구의 일부 지역에서는 농작물 수확량 향상 속도가 정체될 거라는 사실이지.
④ 지구의 모든 지역에서 식량 소비 속도가 동일하지는 않다는 점이지.

6. **밑줄 친 단어의 쓰임이 옳은 것은?**

① 가발을 쓰니 <u>실재</u> 나이보다 훨씬 젊게 보였다.
② 회사를 부실하게 <u>운용</u>한 책임을 지고 사장이 물러났다.
③ 심히 노력한 만큼 성적도 많이 <u>향상</u>됐으면 좋겠어요.
④ 인수위는 여의도에 사무실을 <u>임대</u>해서 사용하기로 했다.

7. **다음에 제시된 글의 목적에 대해 바르게 나타낸 것은?**

> 제목 : 사내 신문의 발행
>
> 1. 우리 회사 직원들의 원만한 커뮤니케이션과 대외 이미지를 재고하기 위하여 사내 신문을 발간하고자 합니다.
>
> 2. 사내 신문은 홍보지와 달리 새로운 정보와 소식지로서의 역할이 기대되오니 아래의 사항을 검토하시고 재가해주시기 바랍니다.
>
> -아래-
>
> ㉠ 제호 : We 서원인
> ㉡ 판형 : 140 × 210mm
> ㉢ 페이지 : 20쪽
> ㉣ 출간 예정일 : 2016. 1. 1
>
> 별첨 견적서 1부

① 회사에서 정부를 상대로 사업을 진행하려고 작성한 문서이다.
② 회사의 업무에 대한 협조를 구하기 위하여 작성한 문서이다.
③ 회사의 업무에 대한 현황이나 진행상황 등을 보고하고자 하는 문서이다.
④ 회사 상품의 특성을 소비자에게 설명하기 위하여 작성한 문서이다.

8. **다음 글을 읽고 잘못된 부분을 바르게 설명한 것은?**

> 기획사 편집부에 근무하는 박 대리는 중요 출판사로부터 출간기획서를 요청받았다. 그 출판사 대표는 박 대리가 근무하는 회사와 오랫동안 좋은 관계를 유지하며 큰 수익을 담당하던 사람이었다. 박 대리는 심혈을 기울인 끝에 출간기획서를 완성하였고 개인적인 안부와 함께 제안서 초안을 이메일로 송부하였다.
>
> 한편 그 대표의 비서는 여러 군데 기획사에 맡긴 출간기획서를 모두 취합하여 간부회의에 돌려볼 수 있도록 모두 출력하였다. 그러나 박 대리가 보낸 이메일 내용이 간부회의 때 큰 파장을 일으켰다. 이메일에는 이전 접대자리가 만족스러웠는지를 묻고 다음에는 더 좋은 곳으로 모시겠다는 지극히 개인적인 내용이 들어 있었던 것이었다.
>
> 며칠 후 박 대리는 그 대표로부터 제안서 탈락과 동시에 거래처 취소 통보를 받았다. 박 대리는 밀접한 인간관계를 믿고 이메일을 보냈다가 공과 사를 구분하지 못한다는 대표의 불만과 함께 거래처고 개인적인 만남이고 모든 관계가 끝이 나 버리게 되었다.

① 이메일을 송부했다는 연락을 하지 못한 것이 실수이다.

② 출간기획서 초안을 보낸 것이 실수이다.

③ 공과 사를 엄격하게 구분하지 못한 것이 실수이다.

④ 대표의 요구사항을 반영하지 못한 기획서를 보낸 것이 실수이다.

9. **다음 글은 합리적 의사결정을 위해 필요한 절차적 조건 중의 하나에 관한 설명이다. 다음 보기 중 이 조건을 위배한 것끼리 묶은 것은?**

> 합리적 의사결정을 위해서는 정해진 절차를 충실히 따르는 것이 필요하다. 고도로 복잡하고 불확실하나 문제상황 속에서 결정의 절차가 합리적이기 위해서는 다음과 같은 조건이 충족되어야 한다.
>
> 〈조건〉
>
> 정책결정 절차에서 논의되었던 모든 내용이 결정절차에 참여하지 않은 다른 사람들에게 투명하게 공개되어야 한다. 그렇지 않으면 이성적 토론이 무력해지고 객관적 증거나 논리 대신 강압이나 회유 등의 방법으로 결론이 도출되기 쉽기 때문이다.

> 〈보기〉
>
> ㉠ 심의에 참여한 분들의 프라이버시 보호를 위해 오늘 회의의 결론만 간략히 알려드리겠습니다.
>
> ㉡ 시간이 촉박하니 회의 참석자 중에서 부장급 이상만 발언하도록 합시다.
>
> ㉢ 오늘 논의하는 안건은 매우 민감한 사안이니만큼 비참석자에게는 그 내용을 알리지 않을 것입니다. 그러니 회의자료 및 메모한 내용도 두고 가시기 바랍니다.
>
> ㉣ 우리가 외부에 자문을 구한 박사님은 이 분야의 최고 전문가이기 때문에 참석자 간의 별도 토론 없이 박사님의 의견을 그대로 채택하도록 합시다.
>
> ㉤ 오늘 안건은 매우 첨예한 이해관계가 걸려 있으니 상대방에 대한 반론은 자제해주시고 자신의 주장만 말씀해주시기 바랍니다.

① ㉠, ㉡

② ㉠, ㉢

③ ㉢, ㉣

④ ㉢, ㉤

10. A 무역회사에 다니는 乙 씨는 회의에서 발표할 '해외 시장 진출 육성 방안'에 대해 다음과 같이 개요를 작성하였다. 이를 검토하던 甲이 지시한 내용 중 잘못된 것은?

Ⅰ. 서론
• 해외 시장에 진출한 우리 회사 제품 수의 증가 …… ㉠
• 해외 시장 진출을 위한 장기적인 전략의 필요성

Ⅱ. 본론
1. 해외 시장 진출의 의의
• 다른 나라와의 경제적 연대 증진 …… ㉡
• 해외 시장 속 우리 회사의 위상 제고
2. 해외 시장 진출의 장애 요소
• 해외 시장 진출 관련 재정 지원 부족
• 우리 회사에 대한 현지인의 인지도 부족 …… ㉢
• 해외 시장 진출 전문 인력 부족
3. 해외 시장 진출 지원 및 육성 방안
• 재정의 투명한 관리 …… ㉣
• 인지도를 높이기 위한 현지 홍보 활동
• 해외 시장 진출 전문 인력 충원

Ⅲ. 결론
• 해외 시장 진출의 전망

① ㉠ : 해외 시장에 진출한 우리 회사 제품 수를 통계 수치로 제시하면 더 좋겠군.
② ㉡ : 다른 나라에 진출한 타 기업 수 현황을 근거 자료로 제시하면 더 좋겠군.
③ ㉢ : 우리 회사에 대한 현지인의 인지도를 타 기업과 비교해 상대적으로 낮음을 보여주면 효과적이겠군.
④ ㉣ : Ⅱ-2를 고려할 때 '해외 시장 진출 관련 재정 확보 및 지원'으로 수정하는 것이 좋겠군.

▌11~12▐ 다음은 N사의 월간 일정표이다. 이어지는 각 물음에 답하시오.

〈9월 일정표〉

일	월	화	수	목	금	토
		1	2 선진농업 마스터클라스 입찰 공고	3	4	5
6	7 주간 업무계획 보고	8 스마트상담 센터 구축 업무 회의(2)	9	10	11 선진농업 마스터클라스 입찰 업무	12
13	14 주간 업무계획 보고	15	16	17 한우 홍보용품 제작 및 발송(3)	18	19
20	21 주간 업무계획 보고	22 스마트농업 전략 회의	23	24	25 스마트상담 센터 구축 업무	26
27	28 주간 업무계획 보고	29	30			

※ 주말 근무는 없으며, 괄호 안의 숫자는 해당 일정을 수행하는 데 소요되는 기간을 의미한다.

〈업무 분장〉
1) 기획팀 : 선진농업 마스터클라스 관련 업무, 스마트농업 관련 업무
2) IT기획팀 : 스마트상담센터 관련 업무
3) 미래경영연구팀 : 스마트농업 관련 업무
4) 고객홍보팀 : 한우 홍보용품 제작 및 발송, 스마트상담센터 관련 업무
* 팀장은 해당 팀의 업무 수행 외에 매주 월요일 회의에서 주간 업무계획을 보고한다.

11. 9월 일정표에 따를 때 고객홍보팀장은 IT기획팀장과 업무상 만남을 (㉠)일, 기획팀장은 미래경영연구팀장과 (㉡)일 가지게 된다. ㉠과 ㉡에 들어갈 숫자로 옳은 것은?

	㉠	㉡
①	5	7
②	7	5
③	3	2
④	2	3

12. 기획팀과 IT기획팀이 1박 2일로 함께 워크숍을 가려고 한다. 다음 중 워크숍 출발 날짜로 적절한 것은? (각 팀의 업무가 있는 날과 주말은 제외한다.)

① 9월 1일
② 9월 10일
③ 9월 17일
④ 9월 24일

13. A, B, C, D, E, F, G, H 8명이 수영대회 결승전에 진출하였다. 다음 조건을 모두 고려하였을 때, 항상 참인 것을 고르면?

- 8명 중 순위가 동일한 선수는 없다.
- H는 C보다 먼저 골인하였으나, F보다는 늦게 골인하였다.
- B에 이어 바로 E가 골인하였으며, E와 F 사이에 세 사람이 골인하였다.
- C는 B보다 늦게 골인하였고, B는 F보다 빨리 골인하였으며, A의 순위는 3위가 아니었다.

① A의 순위는 4위이다.
② H보다 늦게 골인한 사람은 2명이다.
③ D의 순위는 최소한 5위이다.
④ G는 3위가 될 수 없다.

14. 다음 글을 근거로 유추할 경우 옳은 내용만을 바르게 짝지은 것은?

- 9명의 참가자는 1번부터 9번까지의 번호 중 하나를 부여 받고, 동시에 제비를 뽑아 3명은 범인, 6명은 시민이 된다.
- '1번의 오른쪽은 2번, 2번의 오른쪽은 3번, …, 8번의 오른쪽은 9번, 9번의 오른쪽은 1번'과 같이 번호 순서대로 동그랗게 앉는다.
- 참가자는 본인과 바로 양 옆에 앉은 사람이 범인인지 시민인지 알 수 있다.
- "옆에 범인이 있다."라는 말은 바로 양 옆에 앉은 2명 중 1명 혹은 2명이 범인이라는 뜻이다.
- "옆에 범인이 없다."라는 말은 바로 양 옆에 앉은 2명 모두 범인이 아니라는 뜻이다.
- 범인은 거짓말만 하고, 시민은 참말만 한다.

㉠ 1, 4, 6, 7, 8번의 진술이 "옆에 범인이 있다."이고, 2, 3, 5, 9번의 진술이 "옆에 범인이 없다."일 때, 8번이 시민임을 알면 범인들을 모두 찾아낼 수 있다.
㉡ 만약 모두가 "옆에 범인이 있다."라고 진술한 경우, 범인이 부여받은 번호의 조합은 (1, 4, 7) / (2, 5, 8) / (3, 6, 9) 3가지이다.
㉢ 한 명만이 "옆에 범인이 없다."라고 진술한 경우는 없다.

① ㉡
② ㉢
③ ㉠㉡
④ ㉠㉢

15. **다음 글의 내용과 날씨를 근거로 판단할 경우 종아가 여행을 다녀온 시기로 가능한 것은?**

> • 종아는 선박으로 '포항 → 울릉도 → 독도 → 울릉도 → 포항' 순으로 3박 4일의 여행을 다녀왔다.
> • '포항 →울릉도' 선박은 매일 오전 10시, '울릉도 → 포항' 선박은 매일 오후 3시에 출발하며, 편도 운항에 3시간이 소요된다.
> • 울릉도에서 출발해 독도를 돌아보는 선박은 매주 화요일과 목요일 오전 8시에 출발하여 당일 오전 11시에 돌아온다.
> • 최대 파고가 3m 이상인 날은 모든 노선의 선박이 운항되지 않는다.
> • 종아는 매주 금요일에 술을 마시는데, 술을 마신 다음날은 멀미가 심해 선박을 탈 수 없다.
> • 이번 여행 중 종아는 울릉도에서 호박엿 만들기 체험을 했는데, 호박엿 만들기 체험은 매주 월·금요일 오후 6시에만 할 수 있다.

날씨

(㉺ : 최대 파고)

日	月	火	水	木	金	土
16 ㉺ 1.0m	17 ㉺ 1.4m	18 ㉺ 3.2m	19 ㉺ 2.7m	20 ㉺ 2.8m	21 ㉺ 3.7m	22 ㉺ 2.0m
23 ㉺ 0.7m	24 ㉺ 3.3m	25 ㉺ 2.8m	26 ㉺ 2.7m	27 ㉺ 0.5m	28 ㉺ 3.7m	29 ㉺ 3.3m

① 19일(水) ~ 22일(土)
② 20일(木) ~ 23일(日)
③ 23일(日) ~ 26일(水)
④ 25일(火) ~ 28일(金)

16. **도서출판 서원각에 근무하는 최 대리는 이번 달에 접수된 총 7건의 고객 불만 사항에 대해 보고서를 작성하려고 한다. A, B, C, D, E, F, G 고객의 불만이 접수된 순서가 다음의 정보를 모두 만족할 때, 불만 사항이 가장 마지막으로 접수된 고객은?**

> 〈정보〉
> • B고객의 불만은 가장 마지막에 접수되지 않았다.
> • G고객의 불만은 C고객의 불만보다 먼저 접수되었다.
> • A고객의 불만은 B고객의 불만보다 먼저 접수되었다.
> • B고객의 불만은 E고객의 불만보다 나중에 접수되었다.
> • D고객과 E고객의 불만은 연달아 접수되었다.
> • C고객의 불만은 다섯 번째로 접수되었다.
> • A고객과 B고객의 불만 접수 사이에 한 건의 불만이 접수되었다.

① A　　② C
③ D　　④ F

17. **M회사 구내식당에서 근무하고 있는 N씨는 식단을 편성하는 업무를 맡고 있다. 식단편성을 위한 조건이 다음과 같을 때 월요일에 편성되는 식단은?**

> 〈조건〉
> • 다음 5개의 메뉴를 월요일~금요일 5일에 각각 하나씩 편성해야 한다.
> - 돈가스 정식, 나물 비빔밥, 크림 파스타, 오므라이스, 제육덮밥
> • 월요일에는 돈가스 정식을 편성할 수 없다.
> • 목요일에는 오므라이스를 편성할 수 없다.
> • 제육덮밥은 금요일에 편성해야 한다.
> • 나물 비빔밥은 제육덮밥과 연달아 편성할 수 없다.
> • 돈가스 정식은 오므라이스보다 먼저 편성해야 한다.

① 나물 비빔밥　　② 크림 파스타
③ 오므라이스　　④ 제육덮밥

18. **다음은 어느 레스토랑의 3C분석 결과이다. 이 결과를 토대로 하여 향후 해결해야 할 전략과제를 선택하고자 할 때 적절하지 않은 것은?**

3C	상황 분석
고객 / 시장 (Customer)	• 식생활의 서구화 • 유명브랜드와 기술제휴 지향 • 신세대 및 뉴패밀리 층의 출현 • 포장기술의 발달
경쟁 회사 (Competitor)	• 자유로운 분위기와 저렴한 가격 • 전문 패밀리 레스토랑으로 차별화 • 많은 점포수 • 외국인 고용으로 인한 외국인 손님 배려
자사 (company)	• 높은 가격대 • 안정적 자금 공급 • 업계 최고의 시장점유율 • 고객증가에 따른 즉각적 응대의 한계 • 한식 위주의 메뉴 구성

① 원가 절감을 통한 가격 조정
② 유명브랜드와의 장기적인 기술제휴
③ 즉각적인 응대를 위한 인력 증대
④ 안정적인 자금 확보를 위한 자본구조 개선

❙19~20❙ 다음은 동호회 3개 팀의 시기별 축구 경기 결과를 나타낸 표이다. 이를 보고 이어지는 물음에 답하시오.

〈동호회 3개 팀의 시기별 축구 경기 결과〉

(단위 : 회)

구분 / 시기	갑 FC		을 FC		병 FC	
	승	패	승	패	승	패
2017년	8	12	11	9	11	9
2018년	15	5	6	14	9	11
2019년	13	7	11	9	6	14

※ 무승부는 없다고 가정한다.

19. 2019년 갑 FC가 병 FC와의 맞대결에서 7승을 거두었다면, 을 FC가 갑 FC에게 거둔 승수는 몇인가?

① 2승

② 3승

③ 4승

④ 5승

20. 다음 중 2018년 을 FC가 갑 FC에게 8패를 당했을 경우에 대한 설명으로 올바른 것은?

① 병 FC는 어느 한 팀에게 5승 5패의 성적을 거두었다.

② 갑 FC는 병 FC에게 5승 이하의 승수를 거두었다.

③ 을 FC의 6승은 나머지 두 팀으로부터 3승씩 거둔 것이다.

④ 병 FC는 을 FC와의 맞대결 성적이 을 FC보다 좋다.

❙21~22❙ 다음은 H사의 물품 재고 창고에 적재되어 있는 제품 보관 코드 체계이다. 다음 표를 보고 이어지는 질문에 답하시오.

예시

* 2010년 12월에 중국 '2 Stars' 사에서 생산된 아웃도어 신발의 15번째 입고 제품

→ 1012 – 1B – 04011 – 00015

생산 연월	공급처				입고 분류				입고품 수량
	원산지 코드		제조사 코드		용품 코드		제품별 코드		
2012년 9월 – 1209 2010년 11월 – 1011	1	중국	A	All-8	01	캐주얼	001	청바지	00001부터 다섯 자리 시리얼 넘버가 부여됨.
			B	2 Stars			002	셔츠	
			C	Facai	02	여성	003	원피스	
	2	베트남	D	Nuyen			004	바지	
			E	N-sky			005	니트	
	3	멕시코	F	Bratos			006	블라우스	
			G	Fama	03	남성	007	점퍼	
	4	한국	H	혁진사			008	카디건	
			I	K상사			009	모자	
			J	영스타	04	아웃도어	010	용품	
	5	일본	K	왈러스			011	신발	
			L	토까이			012	래쉬가드	
			M	히스모	05	베이비	013	내복	
	6	호주	N	오즈본			014	바지	
			O	Island					
	7	독일	P	Kunhe					
			Q	Boyer					

21. 2011년 10월에 생산된 '왈러스' 사의 여성용 블라우스로 10,215번째 입고된 제품의 코드로 알맞은 것은 무엇인가?

① 1010 – 5K – 02006 – 00215

② 1110 – 5K – 02060 – 10215

③ 1110 – 5K – 02006 – 10215

④ 1110 – 5L – 02005 – 10215

22. 제품 코드 0810 – 3G – 04011 – 00910에 대한 설명으로 옳지 않은 것은 무엇인가?

① 해당 제품의 입고 수량은 적어도 910개 이상이다.

② 중남미에서 생산된 제품이다.

③ 여름에 생산된 제품이다.

④ 캐주얼 제품이 아니다.

23. 제시된 설명에 공통으로 해당되는 용어로 알맞은 것은?

- 인터넷 상에 존재하는 각종 자원들의 위치를 같은 형식으로 나타내기 위한 표준 주소 체계이다.
- 인터넷에 존재하는 정보나 서비스에 대해 접근 방법, 존재 위치, 자료 파일명 등의 요소를 표시한다.
- 형식은 '프로토콜://서버 주소[:포트 번호]/파일 경로/파일명'으로 표시된다.

① Domain name ② DNS

③ URL ④ HTML

24. 다음 매크로 실행 및 보안에 대한 설명 중 옳지 않은 것은?

① Alt+F1 키를 누르면 Visual Basic Editor가 실행되며, 매크로를 수정할 수 있다.

② Alt+F8 키를 누르면 매크로 대화 상자가 표시되어 매크로 목록에서 매크로를 선택하여 실행할 수 있다.

③ 매크로 보안 설정 사항으로는 모든 매크로 제외(알림 표시 없음), 모든 매크로 제외(알림 표시), 디지털 서명된 매크로만 포함, 모든 매크로 포함(알림 표시) 등이 모두 권장된다.

④ 개발 도구 - 코드 그룹의 매크로를 클릭하거나 매크로를 기록할 때 지정한 바로가기 키를 눌러 매크로를 실행할 수 있다.

25. 다음 스프레드시트 서식 코드 사용 설명 중 옳지 않은 것은?

입력 데이터	지정 서식	결과 데이터
㉠ 13-03-12	dd-mmm	12-Mar
㉡ 13-03-12	mmm-yy	Mar-13
㉢ 02:45	hh:mm:ss AM/PM	02:45:00 AM
㉣ 신재생	+@에너지	신재생에너지

① ㉠ ② ㉡

③ ㉢ ④ ㉣

26. 워크시트에서 다음 〈보기〉의 표를 참고로 55,000원에 해당하는 할인율을 'C6'셀에 구하고자 할 때의 적절한 수식은?

	A	B	C	D	E	F
1		<보기>				
2		금액	30,000	50,000	80,000	150,000
3		할인율	3%	7%	10%	15%
4						
5		금액	55,000			
6		할인율	7%			
7						

① =VLOOKUP(C5,C2:F2,C3:F3)

② =LOOKUP(C5,C2:F2,C3:F3)

③ =HLOOKUP(C5,C2:F2,C3:F3)

④ =LOOKUP(C6,C2:F2,C3:F3)

27. 최근에는 정보화 시대를 맞아 직장 생활뿐 아니라 가정생활에 있어서도 컴퓨터와 인터넷을 활용할 줄 아는 능력이 점점 많이 요구되고 있다. 다음에 제시된 정보통신망과 관련된 용어 중 그 의미가 잘못 설명된 것은?

① LAN	근거리의 한정된 지역 또는 건물 내에서 데이터 전송을 목적으로 연결되는 통신망으로 단일기관의 소유이면서 수 km 범위 이내의 지역에 한정되어 있는 통신 네트워크를 말한다.
② MAN	LAN과 WAN의 중간 형태의 통신망으로 특정 도시 내에 구성된 각각의 LAN들을 상호 연결하여 자원을 공유한다.
③ WAN	ISDN보다 더 광범위한 서비스로, 음성 통신 및 고속 데이터 통신, 정지화상 및 고해상도의 동영상 등의 다양한 서비스를 제공한다.
④ VAN	통신 회선을 빌려 단순한 전송기능 이상의 정보 축적이나 가공, 변환 처리 등의 부가가치를 부여한 정보를 제공하는 통신망

28. 다음 시트에서 1행의 데이터에 따라 2행처럼 표시하려고 할 때, 다음 중 A2 셀에 입력된 함수식으로 적절한 것은?

	A	B
1	3	-2
2	양	음

① =IF(A1<=0,"양","음")

② =IF(A1 IS=0,"양" OR "음")

③ =IF(A1>=0,"양","음")

④ =IF(A1>=0,"양" OR "음")

29. 아래 그림을 참고할 때, 할인율을 변경하여 '판매가격'의 목표값을 150,000으로 변경하려고 한다면 [목표값 찾기] 대화 상자의 '수식 셀'에 입력할 값으로 적절한 것은?

	A	B	C	D
1				
2	할인율	10%		
3	품명	단가	수량	판매가격
4	박스	1,000	200	180,000

목표값 찾기 ? ×
수식 셀(E):
찾는 값(V):
값을 바꿀 셀(C):
확인 취소

① B4

② C4

③ B2

④ D4

30. G사 홍보팀에서는 다음과 같이 직원들의 수당을 지급하고자 한다. C12셀부터 D15셀까지 기재된 사항을 참고로 D열에 수식을 넣어 직책별 수당을 작성하였다. D2셀에 수식을 넣어 D10까지 드래그하여 다음과 같은 자료를 작성하였다면, D2셀에 들어가야 할 적절한 수식은 어느 것인가?

	A	B	C	D
1	사번	직책	기본급	수당
2	9610114	대리	1,720,000	450,000
3	9610070	대리	1,800,000	450,000
4	9410065	과장	2,300,000	550,000
5	9810112	사원	1,500,000	400,000
6	9410105	과장	2,450,000	550,000
7	9010043	부장	3,850,000	650,000
8	9510036	대리	1,750,000	450,000
9	9410068	과장	2,380,000	550,000
10	9810020	사원	1,500,000	400,000
11				
12			부장	650,000
13			과장	550,000
14			대리	450,000
15			사원	400,000

① =VLOOKUP(C12,$C$12:$D$15,2,1)

② =VLOOKUP(C12,$C$12:$D$15,2,0)

③ =VLOOKUP(B2,$C$12:$D$15,2,0)

④ =VLOOKUP(B2,$C$12:$D$15,2,1)

31. 다음 자료를 참고하여 기업의 건전성을 파악하는 지표인 금융비용부담률이 가장 낮은 기업과 이자보상비율이 가장 높은 기업을 순서대로 알맞게 짝지은 것은?

(단위 : 천만 원)

	매출액	매출원가	판관비	이자비용
A기업	98	90	2	1.5
B기업	105	93	3	1
C기업	95	82	3	2
D기업	112	100	5	2

* 영업이익 = 매출액 − 매출원가 − 판관비
* 금융비용부담률 = 이자비용 ÷ 매출액 × 100
* 이자보상비율 = 영업이익 ÷ 이자비용 × 100

① A기업, B기업

② B기업, A기업

③ A기업, C기업

④ B기업, B기업

32. 김 대리는 각 영업소를 방문하여 앞으로 추진될 사업 안내서를 1부 씩 전달하기 위해 본사에서 출발하여 모든 영업소를 방문한 후 다시 본사로 돌아오려고 한다. 가장 가까운 거리를 고르면?

〈영업소 위치〉

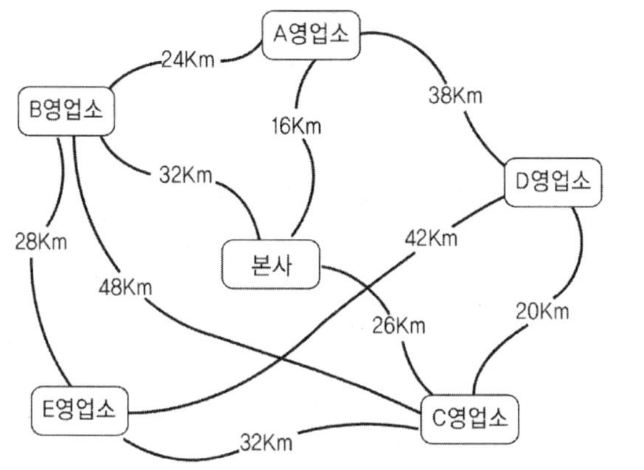

① 146km
② 156km
③ 166km
④ 176km

33. 다음 운송비 표를 참고할 때, 박스의 규격이 28 × 10 × 10(inch)인 실제 무게 18파운드짜리 솜 인형을 배송할 경우, A배송사에서 적용하는 운송비는 얼마인가? (1inch = 2.54cm이며, 물품의 무게는 반올림하여 정수로 표시한다. 물품의 무게 이외의 다른 사항은 고려하지 않는다.)

항공 배송의 경우, 비행기 안에 많은 공간을 차지하게 되는 물품은 그렇지 않은 물품을 적재할 때보다 비용 면에서 항공사 측에 손해가 발생하게 된다. 비행기 안에 스티로폼 200박스를 적재하는 것과 스마트폰 2,000개를 적재하는 것을 생각해 보면 쉽게 이해할 수 있다. 이 경우 항공사 측에서는 당연히 스마트폰 2,000개를 적재하는 것이 더 경제적일 것이다. 이와 같은 문제로 거의 모든 항공 배송사에선 제품의 무게에 비해 부피가 큰 제품들은 '부피무게'를 따로 정해서 운송비를 계산하게 된다. 이때 사용하는 부피무게 측정 방식은 다음과 같다.

부피무게(파운드) = 가로(inch) × 세로(inch) × 높이(inch) ÷ 166

A배송사는 물건의 무게에 다음과 같은 규정을 적용하여 운송비를 결정한다.

1. 실제 무게 < 부피무게 → 부피무게
2. 실제 무게 > 부피무게이지만 박스의 어느 한 변의 길이가 50cm 이상인 경우 → (실제 무게 + 부피무게) × 60%

17파운드 미만	14,000원	19~20파운드 미만	17,000원
17~18파운드 미만	15,000원	20~21파운드 미만	18,000원
18~19파운드 미만	16,000원	21~22파운드 미만	19,000원

① 16,000원
② 17,000원
③ 18,000원
④ 19,000원

34. K은행의 PB고객인 두환이는 대출을 받기 위해 K은행의 '우수고객 인터넷 무보증 신용대출'이란 상품을 알아봤다. 다음은 해당 상품에 대한 간략한 설명으로 두환이는 이 상품을 통해 최대 얼마까지 대출을 받을 수 있는가?

우수고객 인터넷 무보증 신용대출

1. 상품특징
   K은행 PB고객 및 가족 고객을 위한 우수고객 전용 인터넷 대출
2. 대출대상
   K은행 PB고객 및 가족 고객(탑 클래스 고객, 골드 고객, 로얄 고객)
3. 대출한도
   - PB고객(로얄 프레스티지, 로얄 아너스, 로얄 스페셜) : 최대 6,000만 원 이내
   - 탑 클래스 고객 : 최대 6,000만 원 이내
   - 골드 고객 : 최대 3,000만 원 이내
   - 로얄 고객 : 최대 2,000만 원 이내

   * 대출가능금액 산출 시 K은행 및 타 금융기관의 대출금액(신용, 담보)을 모두 차감함
4. 상환방법
   종합통장(마이너스 대출) : 1개월 이상 1년 이내(1년 단위로 연장 가능)
5. 담보 및 보증 여부
   무보증 신용

① 최대 6,000만 원 이내
② 최대 5,000만 원 이내
③ 최대 4,000만 원 이내
④ 최대 3,000만 원 이내

35. 甲, 乙, 丙은 서울특별시(수도권 중 과밀억제권역에 해당) ○○동 소재 3층 주택 소유자와 각 층별로 임대차 계약을 체결하고 현재 거주하고 있는 임차인들이다. 이들의 보증금은 각각 5,800만 원, 2,000만 원, 1,000만 원이다. 위 주택 전체가 경매절차에서 주택가액 8,000만 원에 매각되었고, 甲, 乙, 丙 모두 주택에 대한 경매신청 등기 전에 주택의 인도와 주민등록을 마쳤다. 乙과 丙이 담보물권자보다 우선하여 변제받을 수 있는 금액의 합은? (단, 확정일자나 경매비용은 무시한다)

> 제00조
> ① 임차인은 보증금 중 일정액을 다른 담보물권자(擔保物權者)보다 우선하여 변제받을 권리가 있다. 이 경우 임차인은 주택에 대한 경매신청의 등기 전에 주택의 인도와 주민등록을 마쳐야 한다.
> ② 제1항에 따라 우선변제를 받을 보증금 중 일정액의 범위는 다음 각 호의 구분에 의한 금액 이하로 한다.
> 1. 수도권정비계획법에 따른 수도권 중 과밀억제권역 : 2,000만 원
> 2. 광역시(군지역과 인천광역시지역은 제외) : 1,700만 원
> 3. 그 밖의 지역 : 1,400만 원
>
> ③ 임차인의 보증금 중 일정액이 주택가액의 2분의 1을 초과하는 경우에는 주택가액의 2분의 1에 해당하는 금액까지만 우선변제권이 있다.
> ④ 하나의 주택에 임차인이 2명 이상이고 그 각 보증금 중 일정액을 모두 합한 금액이 주택가액의 2분의 1을 초과하는 경우, 그 각 보증금 중 일정액을 모두 합한 금액에 대한 각 임차인의 보증금 중 일정액의 비율로 그 주택가액의 2분의 1에 해당하는 금액을 분할한 금액을 각 임차인의 보증금 중 일정액으로 본다.
>
> 제00조
> 전조(前條)에 따라 우선변제를 받을 임차인은 보증금이 다음 각 호의 구분에 의한 금액 이하인 임차인으로 한다.
> 1. 수도권정비계획법에 따른 수도권 중 과밀억제권역 : 6,000만 원
> 2. 광역시(군지역과 인천광역시지역은 제외) : 5,000만 원
> 3. 그 밖의 지역 : 4,000만 원

① 2,200만 원
② 2,300만 원
③ 2,400만 원
④ 2,500만 원

36. 다음은 농촌진흥청에서 지원하는 〈귀농인 주택시설 개선사업 개요〉와 〈심사 기초 자료〉이다. 이를 근거로 판단할 때, 지원대상 가구만을 모두 고르면?

> 〈귀농인 주택시설 개선사업 개요〉
>
> □ 사업목적 : 귀농인의 안정적인 정착을 도모하기 위해 일정 기준을 충족하는 귀농가구의 주택 개·보수 비용을 지원
> □ 신청자격 : △△군에 소재하는 귀농가구 중 거주기간이 신청마감일(2014. 4. 30.) 현재 전입일부터 6개월 이상이고, 가구주의 연령이 20세 이상 60세 이하인 가구
> □ 심사기준 및 점수 산정방식
> • 신청마감일 기준으로 다음 심사기준별 점수를 합산한다.
> • 심사기준별 점수
> (1) 거주기간 : 10점(3년 이상), 8점(2년 이상 3년 미만), 6점(1년 이상 2년 미만), 4점(6개월 이상 1년 미만)
> ※ 거주기간은 전입일부터 기산한다.
> (2) 가족 수 : 10점(4명 이상), 8점(3명), 6점(2명), 4점(1명)
> ※ 가족 수에는 가구주가 포함된 것으로 본다.
> (3) 영농규모 : 10점(1.0ha 이상), 8점(0.5ha 이상 1.0ha 미만), 6점(0.3ha 이상 0.5ha 미만), 4점(0.3ha 미만)
> (4) 주택노후도 : 10점(20년 이상), 8점(15년 이상 20년 미만), 6점(10년 이상 15년 미만), 4점(5년 이상 10년 미만)
> (5) 사업시급성 : 10점(매우 시급), 7점(시급), 4점(보통)
>
> □ 지원내용
> • 예산액 : 5,000,000원
> • 지원액 : 가구당 2,500,000원
> • 지원대상 : 심사기준별 점수의 총점이 높은 순으로 2가구. 총점이 동점일 경우 가구주의 연령이 높은 가구를 지원. 단, 하나의 읍·면당 1가구만 지원 가능

〈심사 기초 자료(2014. 4. 30. 현재)〉

귀농가구	가구주 연령(세)	주소지(△△군 읍·면)	전입일	가족 수(명)	영농규모(ha)	주택노후도(년)	사업시급성
甲	49	A	2010. 12. 30	1	0.2	17	매우 시급
乙	48	B	2013. 5. 30	3	1.0	13	매우 시급
丙	56	B	2012. 7. 30	2	0.6	23	매우 시급
丁	60	C	2013. 12. 30	4	0.4	13	시급
戊	33	D	2011. 9. 30	2	1.2	19	보통

① 甲, 乙　　② 甲, 丙
③ 乙, 丙　　④ 乙, 丁

37. 甲은 가격이 1,000만 원인 자동차 구매를 위해 K은행의 자동차 구매 상품인 A, B, C에 대해서 상담을 받았다. 다음 상담 내용에 따를 때, 〈보기〉에서 옳은 것을 모두 고르면? (단, 총비용으로는 은행에 내야 하는 금액과 수리비만을 고려하고, 등록비용 등 기타 비용은 고려하지 않는다)

- A상품 : 이 상품은 고객님이 자동차를 구입하여 소유권을 취득하실 때, 은행이 자동차 판매자에게 즉시 구입금액 1,000만 원을 지불해 드립니다. 그리고 그 날부터 매월 1,000만 원의 1%를 이자로 내시고, 1년이 되는 시점에 1,000만 원을 상환하시면 됩니다.
- B상품 : 이 상품은 고객님이 원하시는 자동차를 구매하여 고객님께 전달해 드리고, 고객님께서는 1년 후에 자동차 가격에 이자를 추가하여 총 1,200만 원을 상환하시면 됩니다. 자동차의 소유권은 고객님께서 1,200만 원을 상환하시는 시점에 고객님께 이전되며, 그 때까지 발생하는 모든 수리비는 저희가 부담합니다.
- C상품 : 이 상품은 고객님이 원하시는 자동차를 구매하여 고객님께 임대해 드립니다. 1년 동안 매월 90만 원의 임대료를 내시면 1년 후에 그 자동차는 고객님의 소유가 되며, 임대기간 중에 발생하는 모든 수리비는 저희가 부담합니다.

〈보기〉

㉠ 자동차 소유권을 얻기까지 은행에 내야 하는 총금액은 A상품의 경우가 가장 적다.
㉡ 1년 내에 사고가 발생해 50만 원의 수리비가 소요될 것으로 예상한다면 총비용 측면에서 A상품보다 B, C상품을 선택하는 것이 유리하다.
㉢ 최대한 빨리 자동차 소유권을 얻고 싶다면 A상품을 선택하는 것이 가장 유리하다.
㉣ 사고 여부와 관계없이 자동차 소유권 취득 시까지의 총비용 측면에서 B상품보다 C상품을 선택하는 것이 유리하다.

① ㉠, ㉡
② ㉡, ㉢
③ ㉠, ㉢, ㉣
④ ㉠, ㉡, ㉣

38. 다음은 K손해보험에서 화재손해 발생 시 지급 보험금 산정방법과 피보험물건(A~E)의 보험금액 및 보험가액을 나타낸 자료이다. 화재로 입은 손해액이 A~E 모두 6천만 원으로 동일할 때, 지급 보험금이 많은 것부터 순서대로 나열하면?

〈표1〉 지급 보험금 산정방법

피보험물건 유형	조건	지급 보험금
일반물건, 창고물건, 주택	보험금액 ≥ 보험가액의 80%	손해액 전액
	보험금액 < 보험가액의 80%	$\text{손해액} \times \dfrac{\text{보험금액}}{\text{보험가액의 80\%}}$
공장물건, 동산	보험금액 ≥ 보험가액	손해액 전액
	보험금액 < 보험가액	$\text{손해액} \times \dfrac{\text{보험금액}}{\text{보험가액}}$

1) 보험금액 : 보험사고가 발생한 때에 보험회사가 피보험자에게 지급해야 하는 금액의 최고한도
2) 보험가액 : 보험사고가 발생한 때에 피보험자에게 발생 가능한 손해액의 최고한도

〈표2〉 피보험물건의 보험금액 및 보험가액

피보험물건	피보험물건 유형	보험금액	보험가액
A	주택	9천만 원	1억 원
B	일반물건	6천만 원	8천만 원
C	창고물건	7천만 원	1억 원
D	공장물건	9천만 원	1억 원
E	동산	6천만 원	7천만 원

① A − B − D − C − E
② A − D − B − E − C
③ B − A − C − D − E
④ B − D − A − C − E

39. 근로자의 근로 여건에 대한 다음 자료를 바탕으로 〈보기〉에서 옳은 것을 모두 고르면?

〈근로자 근로시간 및 임금〉

(단위 : 일, 시간, 천 원)

구분	2014	2015	2016	2017
근로일수	21.3	21.1	20.9	21.1
근로시간	179.9	178.1	177.1	178.4
임금총액	3,178	3,299	3,378	3,490

〈보기〉

㈎ 1일 평균 근로시간은 2016년이 가장 많다.
㈏ 1일 평균 임금총액은 매년 증가하였다.
㈐ 1시간 당 평균 임금총액은 매년 증가하였다.
㈑ 근로시간이 더 많은 해에는 임금총액도 더 많다.

① ㈎, ㈏

② ㈏, ㈐

③ ㈐, ㈑

④ ㈎, ㈏, ㈐

40. 다음은 시간 관리의 방법으로 효과적인 매트릭스의 사례이다. 시간 관리 매트릭스에 의해 시간을 관리하였을 때 얻을 수 있는 효과로 가장 적절하지 않은 것은?

	긴급함	긴급하지 않음
중요함	Ⅰ 긴급하면서 중요한 일 위기상황 급박한 문제 기간이 정해진 프로젝트	Ⅱ 긴급하지 않지만 중요한 일 예방 생산 능력 활동 인간관계 구축 새로운 기회 발굴 중장기 계획, 오락
중요하지 않음	Ⅲ 긴급하지만 중요하지 않은 일 잠깐의 급한 질문 일부 보고서 및 회의 눈앞의 급박한 상황 인기 있는 활동 등	Ⅳ 긴급하지 않고 중요하지 않은 일 바쁜 일, 하찮은 일 우편물, 전화 시간낭비거리 즐거운 활동 등

① 스트레스가 감소될 수 있다.

② 균형적인 삶이 가능하다.

③ 처음 계획보다 더 많은 일을 수행하게 된다.

④ 원하는 목표를 성취하기 수월해진다.

41. 다음은 J사의 2018년 조직도이다. 조직도를 보고 잘못 이해한 것은?

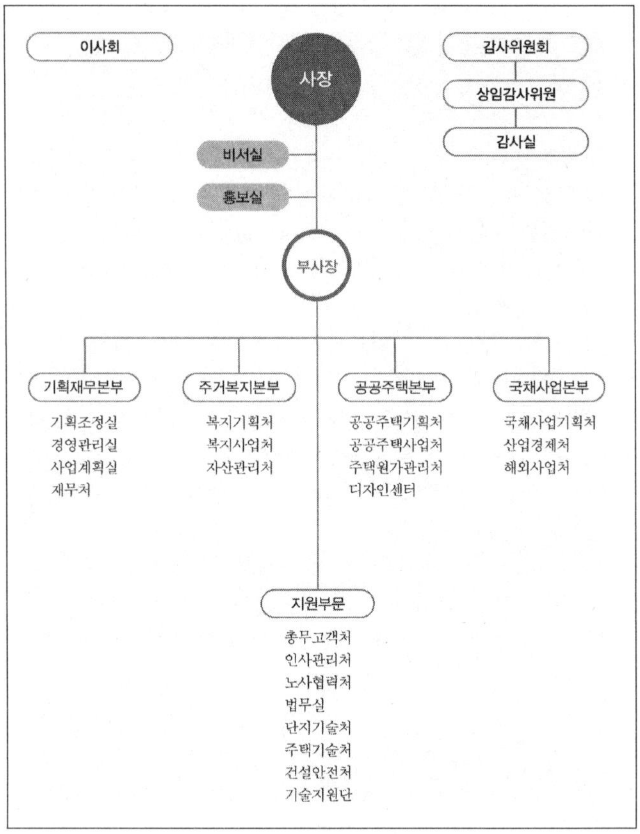

① 부사장은 따로 비서실을 두고 있지 않다.

② 비서실과 홍보실은 사장 직속으로 소속되어 있다.

③ 감사실은 공정한 감사를 위해 다른 조직들과는 구분되어 감사위원회 산하로 소속되어 있다.

④ 부사장 직속으로는 1개 부문, 1실, 6개 처, 1개의 지원단으로 구성되어 있다.

42. A~E의 5개 조직 특성이 다음과 같을 때, 조직 유형이 가장 다를 것으로 판단할 수 있는 조직은?

- A : 구성원들 간에 업무가 분명하게 규정되어 있다.
- B : 엄격한 상하관계와 위계질서가 존재한다.
- C : 비공식적인 의사소통이 원활하다.
- D : 다수의 규칙과 규정이 존재한다.
- E : 급변하는 환경에 대응이 늦다.

① A　　② B

③ C　　④ D

43. 다음은 작년의 사내 복지 제도와 그에 따른 4/4분기 복지 지원 내역이다. 인사팀의 사원 Z씨는 팀장님의 지시로 작년 4/4분기 지원 내역을 구분하여 정리했다. 다음 중 구분이 잘못된 직원은?

〈사내 복지 제도〉

구분	세부사항
주택 지원	사택지원 (1~6동 총 6개 동 120가구) 기본 2년 (신청 시 1회 2년 연장 가능)
경조사 지원	본인/가족 결혼, 회갑 등 각종 경조사 시 경조금, 화환 및 경조휴가 제공
학자금 지원	고등학생, 대학생 학자금 지원
기타	상병 휴가, 휴직, 4대 보험 지원

〈4/4분기 지원 내역〉

이름	부서	직위	세부사항	금액(천 원)
정희진	영업1팀	사원	모친상	1,000
유연화	총무팀	차장	자녀 대학진학 (입학금 제외)	4,000
김길동	인사팀	대리	본인 결혼	500
최선하	IT개발팀	과장	병가(실비 제외)	100
김만길	기획팀	사원	사택 제공(1동 702호)	-
송상현	생산2팀	사원	장모상	500
길태화	기획팀	과장	생일	50(상품권)
최현식	총무팀	차장	사택 제공(4동 204호)	-
최판석	총무팀	부장	자녀 결혼	300
김동훈	영업2팀	대리	생일	50(상품권)
백예령	IT개발팀	사원	본인 결혼	500

구분	이름
주택 지원	김만길, 최현식
경조사 지원	정희진, 김길동, 길태화, 최판석, 김동훈, 백예령
학자금 지원	유연화
기타	최선하, 송상현

① 정희진
② 김동훈
③ 유연화
④ 송상현

Ⅰ44~45Ⅰ 다음은 N은행의 내부 결재규정이다. 다음을 참고하여 각 문항에 답하시오.

[결재규정]

- 결재를 받으려면 업무에 대해서는 최고결정권자를 포함한 이하 직책자의 결재를 받아야 한다.
- 전결이라 함은 회사의 경영활동이나 관리활동을 수행함에 있어 의사결정이나 판단을 요하는 일에 대하여 최고결재권자의 결재를 생략하고, 자신의 책임 하에 최종적으로 의사결정이나, 판단을 하는 행위를 말한다.
- 전결사항에 대해서도 위임 받은 자를 포함한 이하 직책자의 결재를 받아야 한다.
- 표시내용 : 결재를 올리는 자는 최고결재권자로부터 전결사항을 위임 받은 자가 있는 경우 전결이라고 표시하고 최종 결재권자에 위임 받은 자를 표시한다. 다만, 결재가 불필요한 직책자의 결재란은 상향대각선으로 표시한다.
- 본 규정에서 정한 전결권자가 유고 또는 공석 시 그 직급의 직무권한은 차상급 직책자가 수행함을 원칙으로 한다.
- 각 직급은 긴급을 요하는 업무처리에 있어서 상위 전결권자의 결재를 득할 수 없을 경우 합리적인 방향으로 업무를 진행하여 차상위자의 전결로 처리하며, 사후 결재권자의 결재를 득해야 한다.
- 최고결재권자의 결재사항 및 최고결재권자로부터 위임된 전결사항은 다음의 표에 따른다.

<table>
<tr><th>구분</th><th>내용</th><th>금액기준</th><th>결재서류</th><th>팀장</th><th>본부장</th><th>사장</th></tr>
<tr><td rowspan="3">접대비</td><td rowspan="3">거래처 식대, 경조사비</td><td>10만 원 이하</td><td rowspan="3">접대비 지출품의서, 지출신청서</td><td>● ◇</td><td></td><td></td></tr>
<tr><td>30만 원 이하</td><td></td><td>● ◇</td><td></td></tr>
<tr><td>30만 원 초과</td><td></td><td></td><td>● ◇</td></tr>
<tr><td rowspan="4">출장비</td><td rowspan="3">국내 출장비</td><td>30만 원 이하</td><td rowspan="4">출장계획서, 출장비 신청서</td><td>● ◇</td><td></td><td></td></tr>
<tr><td>50만 원 이하</td><td rowspan="3">●</td><td>◇</td><td></td></tr>
<tr><td>50만 원 초과</td><td></td><td rowspan="2">◇</td></tr>
<tr><td>해외 출장비</td><td></td><td></td></tr>
<tr><td rowspan="5">소모품비</td><td>사무용품비</td><td></td><td rowspan="5">지출결의서</td><td>◇</td><td></td><td></td></tr>
<tr><td>전산소모품</td><td></td><td></td><td></td><td>◇</td></tr>
<tr><td rowspan="3">기타 소모품</td><td>10만 원 이하</td><td rowspan="2">◇</td><td></td><td></td></tr>
<tr><td>30만 원 이하</td><td></td><td></td></tr>
<tr><td>30만 원 초과</td><td></td><td></td><td>◇</td></tr>
<tr><td rowspan="3">법인카드</td><td rowspan="3">법인카드 사용</td><td>30만 원 이하</td><td rowspan="3">법인카드 사용신청서</td><td></td><td rowspan="3">◇</td><td></td></tr>
<tr><td>50만 원 이하</td><td></td><td></td></tr>
<tr><td>50만 원 초과</td><td></td><td>◇</td></tr>
</table>

● : 기안서, 출장계획서, 접대비지출품의서 등
◇ : 세금계산서, 발행요청서, 각종신청서 등

44. **다음 중 위의 전결규정을 바르게 이해하지 못한 설명은?**

① 접대비는 금액에 따라 전결권자가 달라진다.

② 사무용품비 지출결의서는 금액에 상관없이 팀장의 전결사항이다.

③ 팀장 전결 사항의 결재서류에는 본부장 결재란에 상향대각선을 표시한다.

④ 해외출장자는 출장계획서와 출장비신청서에 대해 팀장의 최종결재를 얻어야 한다.

45. **기술팀 권 대리는 약 45만 원이 소요되는 업무 처리 건에 대하여 법인카드를 사용하고자 한다. 권 대리가 작성해야 할 서류의 양식으로 바른 것은?**

①

법인카드사용신청서				
결재	담당	팀장	본부장	사장
	권 대리		전결	본부장

②

법인카드사용신청서				
결재	담당	팀장	본부장	사장
	권 대리		/	/

③

법인카드사용신청서				
결재	담당	팀장	본부장	사장
	권 대리	/		전결

④

법인카드사용신청서				
결재	담당	팀장	본부장	사장
	권 대리			전결

46. **해외 주재원으로 근무하는 김 과장은 현지 거래처 중요 인사들을 초청하여 저녁 식사 자리를 갖게 되었다. 식사 자리에서의 김 과장의 다음과 같은 행동 중 상황에 따른 국제 매너에 비추어 적절하지 않은 것은?**

① 테이블의 모양과 좌석의 배치 등이 매우 중요하므로 사전에 이메일로 정확한 참석자의 테이블 배치를 통보해 주었다.

② 부부동반 모임이 아니므로 지사장 바로 옆 자리에 거래처 대표의 자리를 마련하였다.

③ 주최 측 직원인 박 사원은 메뉴 선택에 익숙하지 않아 거래처 손님의 주문을 지켜본 후 '같은 것으로 하겠다.'고 하였다.

④ 식사 중 김 과장은 포크를 테이블 위에 올려놓을 때는 날이 위를 향하도록 놓으며 뒤집어 놓지 않도록 주의하였다.

47. **조직체제 안에는 조직을 이루는 여러 집단이 있다. 다음 중 '집단'의 특징을 적절하게 설명하지 못한 것은?**

① 비공식적으로 구성된 집단은 조직구성원들의 요구에 따라 자발적으로 형성되었으며, 봉사활동 동아리, 친목 동호회 등이 있다.

② 조직 내에서는 한정된 자원을 가지고 상반된 목표를 추구하기 때문에 경쟁이 발생하기도 한다.

③ 조직 내 집단은 일반적으로 이익 집단과 감독 집단으로 나뉜다.

④ 집단 간의 적절한 갈등은 응집성이 강화되고 집단의 활동이 더욱 조직화되는 장점이 있다.

48. **어느 조직이나 일정한 인원이 함께 근무하는 경우 '조직문화'가 생기게 된다. 다음 중 조직문화의 기능과 구성요소에 대하여 적절하게 설명한 것이 아닌 것은?**

① 조직문화의 구성요소로는 공유가치, 리더십 스타일, 예산, 관리 기술, 전략, 제도 및 절차, 구성원이 있다.

② 조직문화는 조직 구성원에게 일체감과 정체성을 부여하지만 타 조직과의 융합에 걸림돌로 작용하기도 한다.

③ 조직의 통합과 안정성을 중시하고 서열화된 조직 구조를 추구하는 관리적 조직문화, 실적을 중시하고 직무에 몰입하며 미래를 위한 계획 수립을 강조하는 과업지향적 조직문화 등이 있다.

④ 조직문화의 기능으로 구성원의 사회화 도모 및 일탈 행동을 통제하는 측면도 기대할 수 있다.

▌49~50▐ 다음은 甲사의 내부 결재 규정에 대한 설명이다. 다음 글을 읽고 이어지는 물음에 답하시오.

제○○조(결재)
① 기안한 문서는 결재권자의 결재를 받아야 효력이 발생한다.
② 결재권자는 업무의 내용에 따라 이를 위임하여 전결하게 할 수 있으며, 이에 대한 세부사항은 따로 규정으로 정한다. 결재권자가 출장, 휴가, 기타의 사유로 상당한 기간 동안 부재중일 때에는 그 직무를 대행하는 자가 대결할 수 있되, 내용이 중요한 문서는 결재권자에게 사후에 보고(후결)하여야 한다.
③ 결재에는 완결, 전결, 대결이 있으며 용어에 대한 정의와 결재방법은 다음과 같다.
1. 완결은 기안자로부터 최종 결재권자에 이르기까지 관계자가 결재하는 것을 말한다.
2. 전결은 사장이 업무내용에 따라 각 부서장에게 결재권을 위임하여 결재하는 것을 말하며, 전결하는 경우에는 전결하는 자의 서명란에 '전결' 표시를 하고 맨 오른쪽 서명란에 서명하여야 한다.
3. 대결은 결재권자가 부재중일 때 그 직무를 대행하는 자가 하는 결재를 말하며, 대결하는 경우에는 대결하는 자의 서명란에 '대결' 표시를 하고 맨 오른쪽 서명란에 서명하여야 한다.

제○○조(문서의 등록)
① 문서는 당년 마지막 문서에 대한 결재가 끝난 즉시 결재일자 순서에 따라서 번호를 부여하고 처리과별로 문서등록대장에 등록하여야 한다. 동일한 날짜에 결재된 문서는 조직 내부 원칙에 의해 우선순위 번호를 부여한다. 다만, 비치문서는 특별한 규정이 있을 경우를 제외하고는 그 종류별로 사장이 정하는 바에 따라 따로 등록할 수 있다.
② 문서등록번호는 일자별 일련번호로 하고, 내부결재문서인 때에는 문서등록대장의 수신처란에 '내부결재' 표시를 하여야 한다.
③ 처리과는 당해 부서에서 기안한 모든 문서, 기안형식 외의 방법으로 작성하여 결재권자의 결재를 받은 문서, 기타 처리과의 장이 중요하다고 인정하는 문서를 제1항의 규정에 의한 문서등록대장에 등록하여야 한다.
④ 기안용지에 의하여 작성하지 아니한 보고서 등의 문서는 그 문서의 표지 왼쪽 위의 여백에 부서기호, 보존기간, 결재일자 등의 문서등록 표시를 한 후 모든 내용을 문서등록대장에 등록하여야 한다.

49. 다음 중 甲사의 결재 및 문서의 등록 규정을 바르게 이해하지 못한 것은?

① '대결'은 결재권자가 부재중일 경우 직무대행자가 행하는 결재 방식이다.
② 최종 결재권자는 여건에 따라 상황에 맞는 전결권자를 지정할 수 있다.
③ '전결'과 '대결'은 문서 양식상의 결재방식이 동일하다.
④ 문서등록대장은 매년 1회 과별로 새롭게 정리된다.

50. 甲사에 근무하는 직원의 다음과 같은 결재 문서 관리 및 조치 내용 중 규정에 의거한 적절한 것은?

① A 대리는 같은 날짜에 결재된 문서 2건을 같은 문서번호로 분류하여 등록하였다.
② B 대리는 중요한 내부결재문서에는 '내부결재'를 표시하였고, 그 밖의 문서에는 '일반문서'를 표시하였다.
③ C 과장은 부하 직원에게 문서등록대장에 등록된 문서 중 결재 문서가 아닌 것도 포함될 수 있다고 알려주었다.
④ D 사원은 문서의 보존기간은 보고서에 필요한 사항이며 기안 문서에는 기재할 필요가 없다고 판단하였다.

51. 다음 중 이메일 네티켓에 관한 설명으로 부적절한 것은?

① 대용량 파일의 경우에는 압축해서 첨부해야 한다.
② 메일을 발송할 시에는 발신자를 명확하게 표기해야 한다.
③ 메일을 받을 수신자의 주소가 정확한지 확인을 해야 한다.
④ 영어는 일괄적으로 대문자로 표기해야 한다.

52. 다음 중 직장에서의 소개 예절로 옳지 않은 것은?

① 나이 어린 사람을 연장자에게 소개한다.
② 신참자를 고참자에게 소개한다.
③ 반드시 성과 이름을 함께 말한다.
④ 빠르게 그리고 명확하게 말한다.

53. 다음은 근로윤리에 있어 기본이 되는 덕목을 설명하는 글이다. 다음 글의 빈 칸 (가)와 (나)에 들어갈 적절한 말은 순서대로 각각 어느 것인가?

> 사회시스템은 구성원 서로가 신뢰하는 가운데 운영이 가능한 것이며, 그 신뢰를 형성하고 유지하는데 필요한 가장 기본적이고 필수적인 규범이 바로 (가)인 것이다.
> 그러나 우리 사회의 (가)은(는) 아직까지 완벽하지 못하다. 거센 역사의 소용돌이 속에서 여러 가지 부당한 핍박을 받은 경험이 있어서 그럴 수도 있지만, 원칙보다는 집단내의 정과 의리를 소중히 하는 문화적 정서도 그 원인이라 할 수 있다.
> (나)은(는) 일관된 마음과 정성의 덕이다. 자식에 대한 어머니의 정성이 대표적인 한국인의 '정성스러움'이다. 우리는 정성스러움을 '진실하여 전연 흠이 없는 완전한 상태에 도달하고자 하는 사람이 선을 택하여 노력하는 태도'라 말할 수 있다. 그러한 태도가 보통 사람들의 삶 속으로 스며들면서 자신의 일에 최선을 다하고자 하는 마음자세로 연결되었다고 볼 수 있다. '지성(至誠)이면 감천(感天)이다' 혹은 '진인사대천명(盡人事待天命)' 등의 말은 인간으로서 자신이 할 수 있는 모든 노력을 경주하고자 하는 정성스러움을 함축하고 있다.

① 정직, 성실
② 성실, 정직
③ 근면, 성실
④ 준법, 성실

54. 다음 중 직장에서의 전화걸기 예절로 옳지 않은 것은?

① 전화를 건 이유를 숙지하고 이와 관련하여 대화를 나눌 수 있도록 준비한다.
② 전화는 정상적인 업무가 이루어지고 있는 근무 시간이 종료된 뒤에 걸도록 한다.
③ 정보를 얻기 위해 전화를 하는 경우라면 얻고자 하는 내용을 미리 메모하도록 한다.
④ 전화를 해달라는 메시지를 받았다면 가능한 한 48시간 안에 답해주도록 한다.

55. 다음은 공수법에 관한 설명이다. 이 중 가장 바르지 않은 사항을 고르면?

① 공수할 때의 손을 모습은 위로 가는 손바닥으로 아래 손의 등을 덮어서 포개 잡는데, 두 엄지손가락은 깍지를 끼듯이 교차시킨다.
② 소매가 넓은 예복을 입었을 시에는 공수한 팔의 소매 자락이 수직이 되게 올리고 평상복을 입었을 때는 공수한 손의 엄지가 가슴 부위 위에 닿도록 자연스럽게 앞으로 올린다.
③ 여자의 공수는 평상시에는 오른손이 위로 가게, 흉사 시에는 반대로 왼손이 위로 가게 두 손을 포개 잡는다.
④ 남자의 공수는 평상시에는 왼손이 위로 가게, 흉사 시에는 반대로 오른손이 위로 가게 두 손을 포개 잡는다.

56. 다음 중 성 예절을 지키기 위한 노력으로 옳은 것은?

① 성희롱 문제는 사전에 예방할 수 없기 때문에 국가와 타협을 해야 한다.
② 여성은 남성보다 높은 지위를 보장 받기 위해서 그에 상응하는 여건을 조성해야 한다.
③ 직장 내에서 여성의 지위를 인정받기 위해 남성의 지위를 없애야 한다.
④ 성역할에 대한 과거의 잘못된 인식을 타파하고 남녀공존의 직장문화를 정착하는 노력이 필요하다.

57. 다음 설명은 직업윤리의 덕목 중 무엇에 해당하는가?

> 자신의 일이 누구나 할 수 있는 것이 아니라 해당 분야의 지식과 교육을 밑바탕으로 성실히 수행해야만 가능한 것이라 믿고 수행하는 태도를 말한다.

① 소명의식
② 직분의식
③ 전문가의식
④ 봉사의식

58. 다음 글에서 의미하는 공동체윤리의 덕목으로 가장 적절한 것은?

> 오 사원은 민원실을 찾아 요청사항을 해결하고자 하는 고객에게 최선을 다한다. 항상 고객의 물음에 열성적인 마음으로 답을 해 줄뿐 아니라, 민원실 문을 열고 들어오는 고객을 발견한 순간부터 상담이 끝날 때까지 오 사원은 한시도 고객으로부터 시선을 떼지 않는다. 또한 상담 중에 다른 불편함이 있지나 않은 지 고객을 유심히 살피기도 한다. 가끔 상담을 마치고 민원실을 나서는 고객의 얼굴에선 오 사원의 태도에 매우 만족했음을 느낄 수 있다.

① 성실

② 봉사

③ 근면

④ 예절

59. 신입사원들과 사장과의 간담회 자리에서 갑, 을, 병, 정 4명의 신입사원들이 말한 〈보기〉와 같은 의견이 의미하는 직업윤리의 덕목을 순서대로 올바르게 나열한 것은?

> 갑 : "제가 수행하는 업무는 누구나 할 수 있는 게 아니라 교육을 통한 지식과 경험을 갖추어야만 가능한 것이라고 믿습니다."
> 을 : "저는 제가 수행하는 일이 나에게 딱 맞는다는 긍정적인 생각을 갖고 업무 수행을 하는 것이 매우 중요하다고 생각합니다."
> 병 : "제가 이 회사에서 일할 기회를 갖게 된 것은, '저에게 주어진 업무가 하늘이 제게 맡긴 중요한 업무다.'라고 생각합니다."
> 정 : "자신의 일이 사회 전체에 있어 중요한 역할을 수행하는 것이라는 생각이야말로 무엇보다 중요하다고 봅니다."

① 전문가의식, 천직의식, 소명의식, 직분의식

② 천직의식, 직분의식, 전문가의식, 소명의식

③ 소명의식, 전문가의식, 소명의식, 직분의식

④ 직분의식, 소명의식, 전문가의식, 천직의식

60. 다음과 같은 상황에서 영업팀 최 대리가 취할 수 있는 행동으로 가장 적절한 것은?

> 최 대리는 일요일을 맞아 오랜만에 가족들과 함께 가까운 교외로 나들이를 다녀오기로 하였다. 그러나 토요일 저녁 갑자기 베트남 지사로부터 전화가 걸려왔고, 월요일에 도착하기로 했던 바이어 일행 중 2명이 현지 사정상 일요일 오전 비행기로 입국하게 된다는 사실을 통보받게 되었다. 중요한 거래처 바이어인지라, 입국 후부터 모든 일정을 동행하며 불편함이 없도록 수행하기로 되어 있던 최 대리는 매우 난감한 상황에 놓이게 되었고, 가족과의 약속과 바이어 일행의 입국 문제를 놓고 어찌해야 좋을지를 고민하게 되었다.

① 휴일인 만큼 계획대로 가족들과의 나들이를 다녀온다.

② 지사에 전화하여 일요일 입국은 불가하며 어떻게든 월요일에 입국해 줄 것을 다시 한 번 요청해 본다.

③ 가족들에게 미안함을 표하며 바이어 수행을 위해 나들이를 다음 기회로 미룬다.

④ 가족과의 약속을 지키기 위해 동료인 남 대리에게 일요일 바이어 수행을 부탁한다.

✎ 종합직무지식평가(50문항/50분)

1. 다음 중 데이터베이스를 구성하는 데이터의 개체, 이들의 속성, 이들 간에 존재하는 관계, 데이터 조작 시 이들 데이터 값들이 갖는 제약 조건에 관한 정의 등을 총칭한 것으로 옳은 것은?

① 투플(tuple)

② 속성(attribute)

③ 데이터베이스(database)

④ 데이터(data)

⑤ 스키마(schema)

2. 프로그램내장방식(Stored Program Method)을 가장 적절히 설명한 것은?

① 프로그램은 항상 컴퓨터 외부에서 입력된다.

② 보조기억장치에 프로그램을 고정시켜 놓는다.

③ 프로그램을 CPU에 기억시킨다.

④ 프로그램을 주기억장치에 기억시켜서 프로그램의 수정을 용이하게 하고 프로그램의 실행효율을 향상시킨다.

⑤ ENIAC에서 가장 먼저 채택하였다.

3. 프로그램내장방식(Stored Program Method)을 주장한 사람은 누구인가?

① 홀러리스(H. Hollerith)

② 파스칼(B. Pascal)

③ 폰 노이만(Von. Neumann)

④ 배비지(C. Babbage)

⑤ 존 네피어(John Napier)

4. 다음 중 펀치카드 시스템의 설명으로 옳지 않은 것은?

① Hollerith가 고안하였다.

② 자료를 카드에 천공하여 처리하는 방법이다.

③ 1980년 미국 국제조사집계에 활용하였다.

④ CPU를 효율적으로 활용하는 기술이다.

⑤ 대량의 데이터 처리에는 속도의 한계가 있다.

5. 최초의 디지털컴퓨터는 어느 것인가?

① ENIAC　② EDVAC

③ MARK-1　④ EDSAC

⑤ UNIVAC-1

6. 문자나 여러 가지 형태의 도형을 브라운관에 나타낼 뿐 아니라 라이트 팬(Light Pen)이나 키보드(Keyboard)를 사용하여 컴퓨터에 데이터(Data)를 입력시킬 수 있는 장치에 해당하는 것은?

① MICR 장치

② OCR 장치

③ Joystick 장치

④ COM(Computer Output Microfilm) 장치

⑤ Cathode Ray Tube(CRT 장치)

7. 다음 중 입·출력 기능을 함께 갖추고 원거리 통신에 사용되는 기기는 어느 것인가?

① Key To Tape System

② X-Y 플로터

③ 라이트 팬(Light Pen)

④ TTY

⑤ 스캐너(Scanner)

8. 다음 중 입·출력 능력이 향상되는 순서로 나열된 것은?

① 채널 → 인터페이스 → DMA

② DMA → 인터페이스 → 채널

③ 인터페이스 → DMA → 채널

④ DMA → 채널 → 인터페이스

⑤ 인터페이스 → 채널 → DMA

9. 기억장치를 분류할 때 Computer 내부에 있는 주기억장치를 무엇이라고 말하는가?

① Magnetic Memory

② Main Storage

③ Accumulator

④ Register Memory

⑤ IC Memory

10. 플립플롭 방식의 메모리 장치를 가지고 있으며 전원을 공급하는 한 저장된 데이터가 보존되나 동일 면적에 대한 집적도가 낮고 회로구조가 복잡하여 대용량으로 만들기 어려운 것은?

① PROM

② Mask ROM

③ DRAM

④ SRAM

⑤ SDRAM

11. 컴퓨터 내에서 정수를 나타내는 데이터 표현법은?

① 고정소수점데이터 형식

② 부동소수점데이터 형식

③ 10진데이터 형식

④ ASCII 코드

⑤ BCD 코드

12. 고정소수점연산에 대한 내용으로 적절치 못한 것은?

① 소수점의 위치를 프로그램에서 조정한다.

② 10진수 연산에 비하여 속도가 빠르다.

③ 풀워드가 필요치 않은 연산에서는 하프워드를 사용할 수도 있기 때문에 효율이 높아진다.

④ 고정소수점에 의한 수의 표현에는 부호와 절대값, 1의 보수, 2의 보수가 있다.

⑤ 주기억 장치를 효율적으로 사용할 수 있다.

13. 1의 보수로 나타낸 2진 고정소수점의 수를 우측으로 1Bit만큼 산술적 이동하였을 경우, 부호와 반대되는 Bit가 밀려났다면 그 결과는?

① 답이 없다.

② 양수, 음수 모두 0.5가 크다.

③ 양수, 음수 모두 0.5가 작다.

④ 양수의 경우 2로 나눈 것보다 0.5가 작고, 음수의 경우는 0.5가 크다.

⑤ 양수의 경우 2로 나눈 것보다 0.5가 크고, 음수의 경우는 0.5가 작다.

14. 다음 중 부동소수점(Floating Point) 방식과 관계 있는 것은?

① Flip-Flop의 수

② Register의 수

③ 음수, 양수

④ Zone Format

⑤ 가수부와 지수부

15. 다음에서 수치자료에 대한 부동소수점표현(Floating Point Representation)의 특징이 아닌 것은?

① 고정소수점의 표현보다 표현의 정밀도를 높일 수 있다.

② 아주 작은 수보다는 아주 큰 수의 표현에 적합하다.

③ 수 표현에 필요한 자리수에 있어서 효율적이다.

④ 과학이나 공학 또는 수학적인 응용에 주로 사용되는 수 표현이다.

⑤ 소수점은 지수부와 가수부 사이에 있는 것으로 간주한다.

16. 10진수의 입력을 컴퓨터의 내부코드로 변환시키는 장치를 무엇이라 하는가?

① 레지스터

② 디코더

③ 엔코더

④ 플립플롭

⑤ 가산기

17. RS플립플롭에서 R = S = 1의 결점을 보완하기 위한 플립플롭은 어느 것인가?

① T플립플롭
② JK플립플롭
③ D플립플롭
④ R-S플립플롭
⑤ S-R플립플롭

18. 다음 중 1비트(Bit)를 기억하는 장치인 것은?

① Register
② Accumulator
③ Decoder
④ Adder
⑤ Flip-Flop

19. 다음 중 0에 대응되는 비트만 클리어되는 동작은?

① 시프트 명령
② 배타적 OR 명령
③ AND 명령
④ OR 명령
⑤ 로테이트 명령

20. Stack의 운영 중 Overflow가 발생하면 Data를 잃어버린다. 이를 방지하기 위한 방법으로 타당한 것은?

① 초기에 Stack의 길이를 충분히 크게 한다.
② Circular List로 운용한다.
③ Overflow Area를 설정한다.
④ 여러 개의 스택을 공유하게 한다.
⑤ 입력되는 자료의 수를 제한하지 않는다.

21. 몇 개(최소한 2개 이상)의 파일을 Matching시켜 Key 항목(Field)을 중심으로 하여 일정한 순서로 바꾸어 현재 File로 만드는 기법은?

① Inserting
② Updating
③ hashing
④ Sorting
⑤ Merge

22. 다음 설명 중 데이터베이스 관리시스템(Data Base Management System)의 장점이 아닌 것은?

① 데이터의 중복(Redundancy)을 최소화할 수 있다.
② 데이터를 공용(Sharing)할 수 있다.
③ 데이터의 회복(Recovery) 기법이 쉽다.
④ 데이터의 일관성(Consistency)을 유지할 수 있다.
⑤ 데이터의 효율적 검색이 가능하다.

23. 데이터베이스(Data Base)의 구조를 설계하는 세 가지 대표적 양식을 나열한 것으로 맞는 것은?

① 관계구조, 계층구조, 네트워크구조
② 수직구조, 수평구조, 관계구조
③ 수평구조, 요소구조, 네트워크구조
④ 네트워크구조, 관계구조, 요소구조
⑤ 네트워크구조, 수직구조, 관계구조

24. 데이터베이스의 네 가지 구성요소가 아닌 것은?

① 데이터
② 소프트웨어
③ 사용자
④ 하드웨어
⑤ 응용프로그램

25. 전신, 전화회선 등의 전기통신시설을 이용하여 중앙의 전자계산기 시스템과 멀리 떨어진 지점을 직접 연결하여 데이터를 교환하는 통신방식은?

① 데이터통신
② 온라인통신
③ 무선통신
④ 다중회선통신
⑤ 유선통신

26. 다음 데이터통신의 구성요소를 모두 포함하고 있는 것은?

① Terminal, Modem, 회선, 통신제어장치, Computer System
② Terminal, Modem, 통신제어장치, Computer System, Data Base
③ Terminal, 회선, Television Camera, Telephone Coupler, Microphone
④ Terminal, 회선, 통신제어장치, Computer System, Data Base
⑤ Terminal, Modem, 통신제어장치, Data Base, Microphone

27. 다음은 통신제어장치에 관한 설명이다. 옳지 않은 것은?

① 직렬의 신호를 병렬로 바꾸어준다.
② 통신회선을 감시한다.
③ 터미널에서 전송된 Data를 갖고 해당 파일을 갱신한다.
④ 느린 전송속도와 컴퓨터의 빠른 내부처리속도 사이를 조정한다.
⑤ 주 컴퓨터의 처리 시간을 효율적으로 이용할 수 있게 한다.

28. 상대번지를 바르게 설명한 것은 어느 것인가?

① 특정한 위치에 심볼로 이름을 부여한 번지
② 명령어 내에서 자신의 위치를 나타내는 번지
③ 기억장치 내의 실제번지를 16진수로 나타내는 번지
④ 기준에 변위를 더하거나 감하는 등의 계산으로 나타내는 번지
⑤ 임시적 상태 번지를 최종적 절대 번지로 변환시키는 데 사용되는 번지

29. 매크로에 관한 설명 중 옳지 않은 것은?

① OPEN 서브루틴이다.
② 프로그램에서 동일한 부분이 반복되는 것
③ 약자에 의해서 정의된다.
④ 액셀 등의 응용 프로그램에서 사용되고 있다.
⑤ 사용 시 기억장소가 절약된다.

30. 베이식의 구성요소를 바르게 짝지은 것은?

① 줄번호, 명령어, 오퍼랜드
② 리터럴, 상수, 수식
③ 줄번호, 상수, 변수
④ 상수, 변수, 수식
⑤ 줄번호, 변수, 수식

31. 베이식(BASIC)의 특징으로 옳지 않은 것은?

① 문(Statement)의 종류가 적고 문법이 간단하다.
② 비교적 간단한 문제를 기술하기 위한 언어이다.
③ 베이식프로그램은 단 하나의 문자으로 구성된다.
④ 대화형 언어(Interactive Language)이다.
⑤ 수정, 삽입, 삭제가 쉽다.

32. 다음은 변수를 정하는 방법을 설명한 것이다. 옳지 않은 것은?

① 영문자(A~Z)와 숫자(0~9)의 조합으로 구성된다.
② 첫문자는 반드시 영문자이어야 한다.
③ 변수명의 길이는 2문자까지 유효하다.
④ 특수문자는 !, #, $, % 등 4개만 사용 가능하다.
⑤ 문(Statement)도 변수로 사용 가능하다.

33. 다음 중 1행에 BASIC 문장을 여러 개 기술할 때 사용되는 기호는 어느 것인가?

① %　　② 세미콜론(;)
③ $　　④ 콜론(:)
⑤ #

34. 일반적인 Computer Language로 표현된 수식 'S=A+B*3+(K+Y)*F*9'에서 연산의 우선순위가 3번째인 Operator는?

① A와 B 사이의 +

② F와 9 사이의 *

③ 3과 (사이의 +

④)와 F 사이의 *

⑤ K와 Y 사이의 +

35. 다음 중에서 System과 Operator 사이를 연결해 주는 역할을 하는 것은 어느 것인가?

① Master Scheduler

② Job Scheduler

③ Operator Scheduler

④ Compaction

⑤ Process Scheduler

36. Virtual Memory에 관한 설명 중 옳지 않은 것은?

① 주기억장치와 보조기억장치가 계층기억체제를 이루고 있다.

② 대형시스템과 시분할시스템 등에 사용한다.

③ 보통 2KB 단위의 Page를 사용한다.

④ Hardware에 의한 것이 아니라 Software에 의해 실현된다.

⑤ 컴퓨터의 처리속도를 개선하기 위한 방법이다.

37. 가상기억장치(Virtual) 저장장소기법을 사용함으로써 인하여 생기는 장점에 대하여 가장 잘 기술된 것은?

① 실저장장소(Real Storage)의 제약을 극복할 수 있다.

② 프로그램의 시행속도를 빠르게 한다.

③ 메모리 관리가 간단해진다.

④ 오퍼레이팅 시스템의 설계가 간단해진다.

⑤ 결과의 정확성이 높아진다.

38. 하나의 프로그램을 복수 개의 부분(Segment)으로 나누는 것을 Segmentation이라고 부르며, 어떤 Segment를 다른 Segment가 기억되어 있던 기억영역에 겹쳐 Loading하는 것을 무엇이라 하는가?

① Loading ② Overlay

③ Roll-In ④ Compaction

⑤ Spooling

39. Loader가 하지 않는 일은 어느 것인가?

① Linking ② Allocation

③ Translation ④ Relocation

⑤ Loading

40. 연산결과 Overflow가 발생하는 경우에 나타나는 인터럽트는?

① 외부인터럽트

② 기계착오인터럽트

③ 프로그램인터럽트

④ 입 · 출력인터럽트

⑤ 호출인터럽트

41. 다음 중 UNIX운영체제의 특징과 가장 거리가 먼 것은?

① 고도의 이식성

② 파일시스템의 리스트 구조

③ 많은 Utility 및 Tool 들을 제공해서 공동으로 소프트웨어를 개발하는 것이 편리

④ 사용자 위주의 시스템 명령어 제공

⑤ C언어로 대부분 구성

42. Computer의 정보 자원이 거리상으로 가까운 한 건물 내에 흩어져 있을 때 이용하는 통신 방식은?

① 배치처리방식

② 근거리정보통신망(LAN)

③ 실시간처리방식

④ 데이터통신망

⑤ 부가가치통신망(VAN)

43. 단일 통신망을 통해 전화 등 음성통신과 컴퓨터, 텔렉스, CATV 등 각종 비음성통신 즉, 음성, 영상데이터를 하나로 모은 고도의 부가가치서비스를 창출하기 위한 고도의 첨단통신망은?

① CATV ② VAN
③ LAN ④ ISDN
⑤ PSTN

44. 오늘날 실제 이용되고 있는 인공지능시스템으로 가장 먼저 실용화된 분야는?

① 전문가시스템 ② 경영진단시스템
③ 설계지원시스템 ④ 컴퓨터비전
⑤ 기업회계시스템

45. FIFO 페이지 교체 알고리즘을 사용하는 가상메모리에서 프로세스 P가 다음과 같은 페이지 번호 순서대로 페이지에 접근할 때, 페이지 부재(page-fault) 발생 횟수는? (단, 프로세스 P가 사용하는 페이지 프레임은 총 4개이고, 빈 상태에서 시작한다)

1 2 3 4 5 2 1 1 6 7 5

① 6회 ② 7회
③ 8회 ④ 9회
⑤ 10회

46. 다음 중 대표적인 대칭형 암호 방식으로 정보를 보내는 사람과 받는 사람이 동일한 비밀 키를 가지고 사용하며 암호화 되는 키가 작아 암호화가 빠른 대표적인 대칭형 암호 방식으로 옳은 것은?

① DES ② AES
③ SEED ④ RSA
⑤ IDEA

47. 사회보장제도에 대한 설명으로 옳은 것은?

① 우리나라 사회보장제도는 사회보험, 공공부조, 사회복지서비스로 구분된다.
② 공공부조의 대상자는 보험료 부담 능력이 있는 사람이다.
③ 사회보험은 강제성을 띠지 않는다.
④ 사회보험은 비용을 국가에서 부담하는 반면 공공부조는 피보험자가 부담한다.
⑤ 국민연금은 공공부조에 해당한다.

48. 사회보장의 기능과 형평성에 대한 설명으로 옳지 않은 것은?

① 사회보장제도는 소득의 재분배를 통한 국민의 생존권의 실현과 최저생활 확보를 전제로 한다.
② 소득재분배의 형태는 수직적, 수평적, 세대 간 재분배의 세 가지로 구분할 수 있다.
③ 수직적 재분배는 소득이 높은 계층으로부터 낮은 계층으로 재분배되는 것으로 분배의 형평성을 지향한다.
④ 공적연금제도는 수평적 재분배의 대표적 예라고 할 수 있다.
⑤ 사회보장제도 중 공공부조는 보험료를 부담할 능력이 없는 빈곤자에게 국가가 모든 비용을 부담하는 것이다.

49. 고용보험법상 취업촉진수당에 해당하지 않는 것은?

① 조기재취업 수당
② 직업능력개발 수당
③ 광역 구직활동비
④ 이주비
⑤ 구직급여

50. 연금제도의 특성으로 옳은 것을 모두 고르면?

㉠ 단기성	㉡ 안정성
㉢ 공공성	㉣ 자율성
㉤ 수익성	㉥ 전문성

① ㉠㉡㉢㉥ ② ㉠㉢㉤㉥
③ ㉡㉢㉤㉥ ④ ㉡㉢㉣㉥
⑤ ㉢㉣㉤㉥

서 원 각
www.goseowon.com